Troisième Journée.
Le Malade imaginaire, Comedie representée
dans le Jardin de Versailles devant la Grotte.
Dies tertius.
Do Kesinoson, seu Æger imaginarius, Comœdia acta
in hortis Versaliarum ad fores Cryptæ.

LE MALADE IMAGINAIRE
COMEDIE,
Meslée de Musique, &
de Dance.

Representée sur le Theatre du Palais Royal.

A PARIS,
Chez CHRISTOPHE BALLARD, seul
Imprimeur du Roy pour la Musique, ruë
S. Iean de Beauvais, au Mont Parnasse.

M. DC. LXXIII.

LE MALADE IMAGINAIRE

Comedie,

MESLE'E DE MVSIQVE ET DE DANCE.

REPRESENTE'E

Sur le Theatre du Palais Royal.

LE PROLOGUE.

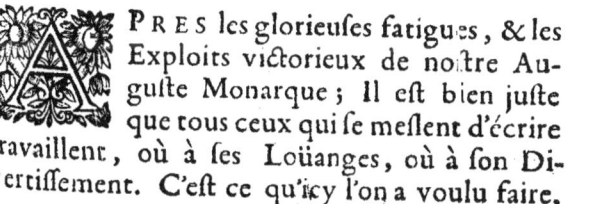PRES les glorieuses fatigues, & les Exploits victorieux de noſtre Auguſte Monarque; Il eſt bien juſte que tous ceux qui ſe meſlent d'écrire travaillent, où à ſes Loüanges, où à ſon Divertiſſement. C'eſt ce qu'icy l'on a voulu faire,

& ce Prologue est un essay des Loüanges de ce grand Prince, qui donne Entrée à la Comedie du *Malade Imaginaire*, dont le projet a esté fait pour le délasser de ses nobles travaux.

La Decoration represente un Lieu Champestre fort agreable.

ECLOGUE

ECLOGUE
En Musique, & en Dance.

FLORE, PAN, CLIMENE, DAPHNE', TIRCIS, DORILAS, DEUX ZEPHIRS, TROUPE DE BERGERES, ET DE BERGERS.

FLORE.

Quittez, quittez vos Troupeaux,
Venez Bergers, venez Bergeres,
Accourez, accourez sous ces tendres Ormeaux;
Ie viens vous anoncer des nouvelles bien cheres,
Et réjouïr tous ces Hameaux?
Quittez, quittez vos Troupeaux,
Venez Bergers, venez Bergeres,
Accourez, accourez sous ces tendres Ormeaux.

CLIMENE, ET DAPHNE'.

Berger laissons-la tes feux
Voila Flore qui nous apelle.

TIRCIS, ET DORILAS.

Mais au moins dy-moy, cruëlle,

TIRCIS.

Si d'vn peu d'amitié tu payeras mes vœux?

DORILAS.

Si tu seras sensible à mon ardeur fidelle.

CLIMENE, ET DAPHNÉ.
Voila Flore qui nous apelle.
TIRCIS, ET DORILAS.
Ce n'est qu'vn mot, vn mot, vn seul mot que je veux.
TIRCIS.
Languiray-je toûjours dans ma peine mortelle.
DORILAS.
Puis-je esperer qu'vn jour tu me rendras heureux.
CLIMENE, ET DAPHNÉ.
Voila Flore qui nous apelle.

ENTRÉE DE BALLET.
Toute la Troupe des Bergers & des Bergeres, va se placer en cadence autour de Flore.
CLIMENE.
Quelle nouvelle parmy nous,
Déesse, doit jetter tant de réjouissance?
DAPHNÉ.
Nous brulons d'aprendre de vous
Cette nouvelle d'importance.
DORILAS.
D'ardeur nous en soûpirons tous.
TOUS.
Nous en mourons d'impatience.
FLORE.
La voicy, silence, silence.
Vos vœux sont exaucez, LOUIS est de retour,
Il ramene en ces lieux les Plaisirs & l'Amour,

Et vous voyez finir vos mortelles alarmes,
Par ses vastes Exploits son bras voit tout soûmis,
Il quitte les armes
Faute d'ennemis.

TOUS.

Ah qu'elle douce nouvelle!
Qu'elle est grande! qu'elle est belle!
Que de plaisirs! que de ris! que de jeux!
Que de succez heureux!
Et que le Ciel a bien remply nos vœux.
Ah qu'elle douce nouvelle!
Qu'elle est grande! qu'elle est belle!

ENTRE'E DE BALLET.

Tous les Bergers & Bergeres, expriment par des Dances les transports de leur joye.

FLORE.

De vos Flutes bocageres
Réveillez les plus beaux sons;
LOVIS offre à vos Chansons
La plus belle des matieres,
Apres cent combats,
Où cüeille son bras
Vne ample victoire:
Formez entre-vous
Cent combats plus doux,
Pour chanter sa gloire.

TOUS.
Formons entre-nous
Cent combats plus doux,
Pour chanter sa gloire.
FLORE.
Mon jeune Amant dans ce bois,
Des presens de mon empire
Prepare un prix à la voix,
Qui sçaura le mieux nous dire
Les vertus & les Exploits
Du plus Auguste des Roys.
CLIMENE.
Si Tircis a l'avantage.
DAPHNÉ.
Si Dorilas est vainqueur,
CLIMENE.
A le cherir je m'engage.
DAPHNÉ.
Ie me donne à son ardeur.
TIRCIS.
O trop chere esperance !
DORILAS.
O mot plein de douceur !
TOUS-DEUX.
Plus beau sujet, plus belle récompence
Peuvent-ils animer un cœur.

Les Violons joüent vn Air pour animer les deux Bergers au combat, tandis que Flore comme Iuge va se placer au pied de l'arbre avec deux Zephirs, & que le reste comme Spectateurs va occuper les deux coins du Theatre.

TIRCIS.

Quand la neige fonduë enfle vn torrent fameux,
Contre l'effort soudain de ses flots écumeux
 Il n'est rien d'assez solide ;
 Digues, Chasteaux, Villes, & Bois,
 Hommes, & Troupeaux à la fois
 Tout cede au courant qui le guide,
 Tel, & plus fier & plus rapide,
Marche LOVIS, dans ses Exploits.

BALLET.

Les Bergers & Bergeres de son costé dançent autour de luy sur une Ritornelle, pour exprimer leurs applaudissemens.

DORILAS.

Le foudre menaçant qui perce avec fureur
L'affreuse obscurité de la nuë emflammée,
 Fait, d'épouvante & d'horreur
 Trembler le plus ferme cœur:
 Mais à la teste d'vne armée
LOVIS jette plus de terreur.

BALLET.

Les Bergers & Bergeres de son costé, font de mesme que les autres.

TIRCIS.

Des fabuleux Exploits que la Grece à chantez,

Par vn brillant amas de belles veritez,
Nous voyons la gloire effacée,
Et tous ces fameux demy-dieux.
Que vante l'Histoire passée,
Ne font point à nostre pensée,
Ce que LOVIS est à nos yeux.

BALLET.

Les Bergers & Bergeres de son costé font encore la mesme chose.

DORILAS.

LOVIS fait à nos temps par ses faits inoüis
Croire tous les beaux faits que nous chante l'histoire
Des Siecles évanoüis
Mais nos Neveux dans leur gloire,
N'auront rien qui fasse croire,
Tous les beaux faits de LOVIS.

BALLET.

Les Bergeres, de son costé font encore de mesme, aprés quoy les deux partis se meslent.

PAN, suivy de six Faunes.

Laissez, laissez Bergers, ce dessein temeraire,
Hé, que voulez-vous faire?
Chanter sur vos chalumeaux,
Ce qu'Appollon sur sa Lyre
Avec ses chants les plus beaux,
N'entreprendroit pas de dire

C'est donner trop d'Essor au feu qui vous inspire,
C'est monter vers les Cieux sur des aisles de Cire,
Pour tomber dans le fonds des Eaux.

Pour chanter de LOVIS, l'intrepide courage,
Il n'est point d'assez docte voix,
Points de mots assez grands pour en tracer l'Image?
Le silence est le langage
Qui doit loüer ses exploits.

Consacrez d'autres soins à sa pleine Victoire,
Vos loüanges n'ont rien qui flatte ses desirs,
Laissez, laissez-là sa gloire
Ne songez qu'à ses plaisirs.

TOVS.

Laissons, laissons-là sa gloire
Ne songeons qu'à ses plaisirs.

FLORE.

Bien que pour étaler ses vertus immortelles
La force manque à vos esprits.
Ne laissez-pas tous-deux de recevoir le prix.
Dans les choses grandes & belles
Il suffit d'avoir entrepris.

ENTRE'E DE BALLET.

LES deux Zephirs dançent avec deux couronnes de Fleurs à la main, qu'ils viennent donner ensuitte aux deux Bergers.

CLIMENE ET DAPHNE' en leur donnant la main.

Dans les choses grandes & belles
Il suffit d'avoir entrepris.
TIRCIS ET DORILAS.
Hâ! que d'un doux succés nostre audace est suivie.
FLORE ET PAN.
Ce qu'on fait pour LOVIS, on ne le perd jamais.
LES QVATRE AMANS.
Au soins de ses plaisirs donnons-nous désormais.
FLORE ET PAN.
Heureux, heureux, qui peut luy consacrer sa vie.
TOVS.
Ioignons tous dans ces bois
Nos flutes & nos voix,
Ce jour nous y convie,
Et faisons aux Echos redire mille fois,
LOVIS est le plus grand des Rois.
Heureux, heureux, qui peut luy consacrer sa vie.

DERNIERE ET GRANDE ENTRE'E DE BALLET.
Faunes, Bergers, & Bergeres tous se meslent, & il se fait entr'eux des jeux de dançe, apres quoy ils se vont preparer pour la Comedie.

Le Theatre change & represente une Chambre.

LE PREMIER ACTE
de la Comedie.

LE

Le Theatre change, & represente une Ville.

PREMIER INTERMEDE.

Polichinelle dans la nuit vient pour donner une Serenade à sa Maistresse. Il est interrompu d'abord par des Violons, contre lesquels il se met en colere, & ensuitte par le Guet, composé de Musiciens & de Danceurs.

POLICHINELLE.

O Amour, amour, amour, amour! pauvre Polichinelle, quelle Diable de fantaisie t'es-tu allé mettre dans la cervelle? A quoy t'amuses-tu miserable insensé que tu es. Tu quittes le soin de ton négoce, & tu laisses aller tes affaires à l'abandon. Tu ne manges plus, tu ne bois presque plus, tu pers le repos de la nuit, & tout cela pour qui? Pour une Dragonne, franche Dragonne; une Diablesse qui te rembarre, & se mocque de tout ce que tu peux luy dire. Mais il n'y a point à raisonner là dessus: Tu le veux, amour; il faut estre fou comme beaucoup d'autres. Cela n'est pas le mieux du monde à vn homme de mon âge, mais qu'y faire? On n'est pas sage quand on veut, & les vieilles cervelles se démontent comme les jeunes.

Ie viens voir si je ne pourray point adoucir ma tigresse par une Serenade. Il n'y a rien par fois qui soit si touchant qu'un Amant qui vient chanter ses doleances aux gons & aux verroux de la porte de sa Maitresse. Voicy dequoy accompagner ma voix. O nuit, ô chere nuit, porte mes plaintes amoureuses jusques dans le lit de mon inflexible.

Violons.
POLICHINELLE.

Quelle impertinente harmonie vient interrompre icy ma voix.

Violons.
POLICHINELLE.

Paix-là, taisez-vous, Violons. Laissez-moy me plaindre à mon ayse des cruautez de mon inexorable.

Violons.
POLICHINELLE.

Taisez-vous, vous dy-je. C'est moy qui veux châter.
Violons.
POLICHINELLE.

Paix donc

Violons.
POLICHINELLE.

Ouais !

Violons.
POLICHINELLE.

Ahy.

Violons.
POLICHINELLE.
Est-ce pour rire ?
Violons.
POLICHINELLE.
Ah que de bruit.
Violons.
POLICHINELLE.
Le Diable vous emporte.
Violons.
POLICHINELLE.
J'enrage.
Violons.
POLICHINELLE.
Vous ne vous tairez-pas ? Ah Dieu soit loüé.
Violons.
POLICHINELLE.
Encore ?
Violons.
POLICHINELLE.
Peste des Violons.
Violons.
POLICHINELLE.
La sotte Musique que voila !
Violons.
POLICHINELLE.
La, la, la, la, la, la.
Violons.
POLICHINELLE.
La, la, la, la, la, la.

Violons.
POLICHINELLE.
La, la, la, la, la, la, la, la.
Violons.
POLICHINELLE.
La, la, la, la, la.
Violons.
POLICHINELLE.
La, la, la, la, la, la.
Violons.
POLICHINELLE.
Par ma foy cela me divertit. Poursuivez Meßieurs les Violons, vous me ferez plaisir. Allons donc, continuez. Je vous en prie. Voilà le moyen de les faire taire. La Musique est accoustumée à ne point faire ce qu'on veut. Ho sus à nous. Avant que de chanter il faut que je prelude un peu, & joüe quelque piece afin de mieux prendre mon ton. Plan plan plan. Plin, plin, plin. Voila un temps fascheux pour mettre un Luth d'accord. Plin, plin, plin. Plin tan plan. Plin, plin. Les cordes ne tiennent point par ce temps-là. Plin, plan. J'entens du bruit, mettons mon Luth contre la porte.

ARCHERS.
Qui va-là, qui va-là?

POLICHINELLE.

POLICHINELLE.

Qui diable est cela? est-ce que c'est la mode de parler en Musique?

ARCHERS.

Qui va-là, qui va-là, qui va-là?

POLICHINELLE.

Moy, moy, moy.

ARCHERS.

Qui va-là, qui va-là vous dy-je?

POLICHINELLE.

Moy, moy, vous dy-je.

ARCHERS.

Et qui toy, & qui toy?

POLICHINELLE.

Moy, moy, moy, moy, moy, moy.

ARCHERS.

Dy ton nom, dy ton nom, sans davantage attendre.

POLICHINELLE.

Mon nom est, va te faire pendre.

ARCHERS.

Icy camarade icy.
Saisissons l'insolent qui nous répond ainsi.

ENTRE'E DE BALLET.

Tout le Guet vient qui cherche Polichinelle dans la nuit.

Violons & Dançeurs.
POLICHINELLE.
Qui va-là?
Violons & Dançeurs.
POLICHINELLE.
Qui sont les coquins que j'entens ?
Violons & Dançeurs.
POLICHINELLE.
Euh?
Violons & Dançeurs.
POLCHINELLE.
Hola mes Laquais, mes gens.
Violons & Dançeurs.
POLICHINELLE.
Par la mort.
Violons & Dançeurs.
POLICHINELLE.
Par la sang.
Violons & Dançeurs.
POLICHINELLE.
J'en jetteray par terre,
Violons & Dançeurs.
Champagne, Poitevin, Picard, Basque, Breton.
Violons & Dançeurs.
POLICHINELLE.
Donnez-moy mon Mousqueton.

Violons & Dançeurs.
POLICHINELLE.
Poüe.
Ils tombent tous & s'enfuyent.
POLICHINELLE.
Ah, ah, ah, ah, comme je leur ay donné l'épouvante. Voila de sottes gens d'avoir peur de moy qui ay peur des autres. Ma foy il n'est que de joüer d'adresse en ce monde. Si je n'avois tranché du grand Seigneur, & n'avois fait le brave, ils n'auroient pas manqué de me haper, Ah, ah, ah.
ARCHERS.
Nous le tenons, à nous Camarades à nous, Dépechez de la lumiere.
BALLET.
Tout le Guet vient avec des lanternes.
ARCHERS.
*Ah traiſtre, ah fripon, c'eſt donc vous
Faquin, maraut, pendart, impudent temeraire
Inſolent, effronté, coquin, filou voleur
Vous oſez nous faire peur.*
POLICHINELLE.
Meſsieurs, c'eſt que j'eſtois yvre.
ARCHERS.
*Non, non, non point de raiſon
Il faut vous aprendre à vivre,
En priſon viſte, en priſon.*

Polichinelle.
Meſsieurs je ne ſuis point voleur.
Archers.
En priſon.
Polichinelle.
Ie ſuis vn Bourgeois de la Ville.
Archers.
En priſon.
Polichinelle.
Qu'ay-je fait?
Archers.
En priſon, viſte en priſon.
Polichinelle.
Meſsieurs laiſsez-moy aller.
Archers.
Non.
Polichinelle.
Ie vous prie.
Archers.
Non.
Polichinelle.
Eh!
Archers.
Non.
Polichinelle.
De grace.
Archers.

Archers.
Non non.
Polichinelle.
Messieurs.
Archers.
Non, non, non.
Polichinelle.
S'il vous plaist.
Archers.
Non non.
Polichinelle.
Par charité.
Archers.
Non, non.
Polichinelle.
Au nom du Ciel.
Archers.
Non, non.
Polichinelle.
Misericorde.
Archers.
Non, non, non point de raison
Il faut vous apprendre à viure,
En prison viste, en prison.
Polichinelle.
Eh n'est-il rien Messieurs qui soit capable d'attendrir vos ames.

F

Archers.

Il est aysé de nous toucher,
Et nous sommes humains plus qu'on ne sçauroit
    croire,
Donnez-nous doucement six pistoles pour boire
    Nous allons vous lacher.

Polichinelle.

Helas Messieurs, je vous asseure que je n'ay pas vn soû sur moy.

Archers.

Au deffaut de six pistoles,
Choisissez donc sans façon
D'avoir trente croquignoles,
Ou douze coups de baston.

Polichinelle.

Si c'est une necessité, & qu'il faille en passer par là, je choisis les croquignoles.

Archers.

Allons preparez-vous,
Et contez bien les coups.

BALLET.

Les Archers Dançeurs luy donnent des croquignoles en cadence

Polichinelle.

Vn & deux. Trois & quatre. Cinq & six, sept & huit. Neuf & dix. Onze & douze & treize, & quatorze & quinze.

Archers.
Ah! ah! vous en voulez passer;
Allons, c'est à recommencer.
Polichinelle.
*Ah Meßieurs ma pauvre teste n'en peut plus,
& vous venez de me la rendre comme une pomme cuite. J'ayme mieux encore les coups de bastons que de recommencer.*
Archers.
*Soit, puisque le baston est pour vous plus charmant,
Vous aurez contentement.*
BALLET.
Les Archers Dançeurs luy donnent des coups de bastons en cadence.
Polichinelle.
Vn, deux, trois, quatre, cinq, six, ah, ah, ah, je n'y sçaurois plus resister. Tenez Meßieurs voila six pistoles que je vous donne.
Archers.
*Ah l'honneste homme! ah l'ame noble & belle!
Adieu Seigneur, adieu, Seigneur Polichinelle.*
Polichinelle.
Meßieurs, je vous-donne le bon-soir.
Archers.
Adieu Seigneur, adieu, Seigneur Polichinelle.
Polichinelle.
Vostre serviteur.

Archers.

Adieu Seigneur, adieu, Seigneur Polichinelle.
Polichinelle.

Tres-humble valet.
Archers.

Adieu Seigneur, adieu, Seigneur Polichinelle.
Polichinelle.

Iusqu'au revoir.

BALLET.

Ils dançent tous en réjoüiſſance de l'argent qu'ils ont receu.

Le Theatre change, & repreſente la meſme Chambre.

SECOND ACTE
de la Comedie.

SECOND INTERMEDE.

LE frere du *Malade Imaginaire*, luy amene pour le divertir pluſieurs Egyptiens & Egytiennes veſtus en Mores, qui font des Dances entre-meſlées de Chanſons.

Premiere Femme More.

PRofitez du Printemps
De vos beaux ans,
Aymable jeuneſſe?
Profitez du Printemps,
De vos beaux ans,
Donnez-vous à la tendreſſe.

Les plaisirs les plus charmans,
Sans l'amoureuse flame,
Pour contenter une ame
N'ont point d'attraits assez puissans.

Profitez du Printemps
De vos beaux ans,
Aymable jeunesse?
Profitez du Printemps
De vos beaux ans,
Donnez-vous à la tendresse.

Ne perdez point ces precieux momens
La beauté passe,
Le temps l'efface,
L'âge de glace
Vient à sa place,
Qui nous oste le goust de ces doux passe-temps.

Profitez du Printemps
De vos beaux ans,
Aymable jeunesse?
Profitez du Printemps,
De vos beaux ans,
Donnez-vous à la tendresse.

Seconde Femme More.
Quand d'aymer on nous presse,
A quoy songez-vous,
Nos cœurs dans la jeunesse

N'ont vers la tendresse
Qu'vn panchant trop doux ;
L'amour a pour nous prendre
De si doux attraits,
Que de soy, sans attendre,
On voudroit se rendre
A ses premiers traits :
Mais tout ce qu'on écoute,
Des viues douleurs
Et des pleurs
Qu'il nous couste ;
Fait qu'on en redoute
Toutes les douceurs.

  Troisiéme Femme More.
Il est doux à nostre âge
D'aymer tendrement
Un Amant
Qui s'engage :
Mais s'il est volage
Helas ! quel tourment !

  Quatriéme Femme More.
L'Amant qui se dégage
N'est pas le malheur,
La douleur
Et la rage ;
C'est que le volage
Garde nostre cœur.

Seconde Femme More.
*Quel party faut-il prendre
Pour nos jeunes cœurs.*
Quatriéme Femme More.
*Devons-nous nous y rendre
Malgré ses rigueurs?*
Ensemble.
*Oüy, suivons ses ardeurs,
Ses transports, ses caprices,
Ses douces langueurs;
S'il a quelques suplices,
Il a cent delices
Qui charment les cœurs.*
ENTRE'E DE BALLET.
Tous les Mores dançent ensemble, & font sauter des Singes qu'ils ont amenez avec eux.

LE TROISIE'ME ACTE
de la Comedie.

TROISIE·ME INTERMEDE.
C'Est une Ceremonie Burlesque d'vn homme qu'on fait Medecin, en Recit, Chant & Dançe.
ENTRE'E DE BALLET.
Plusieurs Tapissiers viennent preparer la Salle, & placer les bancs en cadence. Ensuite dequoy toute l'assemblée, composée de huit Porte-Seringues, six

Apotiquaires, vingt-deux Docteurs, celuy qui se fait recevoir Medecin, huit Chirurgiens dançans, & deux chantans, entre, & prend ses places selon les rangs.

PRÆSES.

Savantissimi Doctores,
Medicinæ Professores,
Qui hic assemblati estis;
Et vos altri Messiores,
Sententiarum facultatis
Fideles executores,
Chirurgiani & Apothicari,
Atque tota Compania aussi
Salus honor, & argentum,
Atque bonum appetitum.

Non possum Docti confréri,
En moy satis admirari,
Qualis bona inventio,
Est Medici professio
Quam bella chosa est & bene trovata
Medecina illa benedicta,
Qua suo nomine solo
Surprenanti miraculo,
Depuis si longo tempore
Facit à gogo vivere
Tant de gens omni genere.

Per totam terram videmus
Grandam vogam ubi sumus;

Et quod grandes & petiti
Sunt de nobis infatuti
Totus mundus currens ad nostros remedios,
Nos regardat sicut Deos,
Et nostris Ordonnancijs
Principes & Reges soumissos videtis.

Donque il est nostræ sapientiæ,
Boni sensus atque prudentiæ,
De fortement travaillare,
A nos bene conservare
In tali credito, voga, & honore
Et prandere gardam à non receuere
In nostro docto corpore
Quam personas capabiles,
Et totas dignas ramplire
Has plaças honorabiles.

C'est pour cela que nunc convocati estis,
Et credo quod trovabitis
Dignam matieram medici,
In sçavanti homine que voicy:
Lequel in chosis omnibus
Dono ad interrogandum,
Et à fond examinandum
Vostris capacitatibus.

   Primus Doctor.
Si mihi licenciam dat Dominus Præses,

Et tanti docti Doctores,
Et aßistantes illustres
Tres-sçavanti Bacheliero
Quem estimo & honoro,
Domandabo causam & rationem, quare
Opium facit dormire.
BACHELIERVS.
Mihi à docto Doctore
Domandatur causam & rationem, quare
Opium facit dormire?
A quoy respondeo,
Quia est in eo
Virtus dormitiva,
Cujus est natura
Sensus assoupire.
CHORVS.
Bene, bene, bene, bene respondere
Dignus, dignus est entrare
In nostro docto corpore.
SECUNDVS DOCTOR.
Cum permißione Domini Præsidis
Doctißimæ facultatis,
Et totius his nostris actis
Companiæ aßistantis
Domandabo tibi, docte Bacheliere,
Quæ sunt remedia,
Quæ in maladia
Ditte hidropisia

Convenit facere.
BACHELIERVS.
Clisterium donare,
Postea segnare,
Ensuitta purgare.
CHORVS.
Bene, bene, bene, bene respondere
Dignus, dignus est entrare
In nostro docto corpore.
TERTIVS DOCTOR.
Si bonum semblatur Domino Præsidi
Doctißime facultati
Et compania presenti
Domandabo tibi, docte Bacheliere,
Quæ remedia Eticis
Pulmonicis atque Asmaticis
Trovas à propos facere.
BACHELIERVS.
Clisterium donare,
Postea segnare,
Ensuitta purgare.
CHORVS.
Bene, bene, bene, bene respondere
Dignus, dignus est entrare,
In nostro docto corpore.
QVARTVS DOCTOR.
Super illas maladias,
Doctus Bachelierus dixit maravillas:

Mais si non ennuyo Dominum Præsidem
Doctissimam facultatem
Et totam honorabilem
Companiam écoutantem
Faciam illi unam questionem
De hiero maladus vnus
Tombavit in meas manus :
Habet grandam fievram cum redoublamentis,
Grandam dolorem capitis,
Et grandum malum au costé,
Cum granda difficultaté
Et pena de respirare :
Veillas mihy dire,
Docté Bacheliere,
Quid illi facere.
  BACHELIERVS.
Clisterium donare,
Postea seignare,
Ensuitta purgare.
  TERTIVS DOCTOR.
Mais si maladia
Opiniatria,
Non vult se garire,
Quid illi facere.
  BACHELIERVS.
Clisterium donare,
Postea seignare,
Ensuitta purgare.
       CHORVS.

CHORVS.
Bene, bene, bene, bene respondere
Dignus, dignus est entrare,
In nostro docto corpore.
PRÆSES.
Iuras gardare statuta
Per facultatem præscripta,
Cum sensu & jugeamento.
BACHELIERVS.
Juro.

PRÆSES.
Essere in omnibus
Consultationibus
Ancieni aviso;
Aut bono,
Aut mauvaiso.
BACHELIERVS.
Juro.

PRÆSES.
De non jamais te servire
De remedijs aucunis
Quam de ceux seulement doctæ facultatis
Maladus d'eust-il crevare,
Et mori de suo malo?
BACHELIERVS.
Iuro.

PRÆSES.
Ego cum isto boneto

I

Venerabili & docto,
Dono tibi & concedo
Virtutem & puiſſanciam
Medicandi,
Purgandi,
Seignandi,
Perçandi,
Taillandi,
Coupandi,
Et occidendi
Impune per totam terram.

ENTRÉE DE BALLET.

Tous les Chirurgiens & Apotiquaires, viennent luy faire la reverence en cadence.

BACHELIERVS.

Grandes Doctores doctrinæ,
De la Rhubarbe & du Sené:
Ce ſeroit ſans douta à moy choſa folla
Inepta & ridicula,
Si j'alloibam m'engageare
Vobis loüangeas donare,
Et entreprenoibam adjoûtare,
Des lumieras au Soleillo,
Et des étoilas au Cielo,
Des Ondas à l'Oceano,
Et des Roſas au Printanno,
Agreate qu'avec uno moto

Pro toto remercimento,
Randam gratiam corpori tam docto,
Vobis, vobis, debeo;
Bien plus qu'à natura, & qu'à patri meo.
Natura & pater meus,
Hominem me habent factum:
Mais vos me, ce qui est bien plus,
Avetis factum Medicum,
Honor, favor, & gratia,
Qui in hoc corde que voilà,
Imprimant ressentimenta
Qui dureront in secula.

CHORVS.

Vivat, vivat, vivat, vivat cent fois vivat,
Novus Doctor, qui tam bene parlat,
Mille, mille annis, & manget & bibat,
Et seignet & tuat.

ENTRE'E DE BALLET.

Tous les Chirurgiens & les Apotiquaires dançent au son des Instrumens & des Voix, & des battemens de mains & des Mortiers d'Apotiquaires.

CHIRVRGVS.

Puisse-t-il voir doctas,
Suas Ordonnancias,
Omnium Chirurgorum,
Et Apothiquarum
Remplire boutiquas.

CHORVS.

Vivat, vivat, vivat, vivat, cent fois vivat,
Novus Doctor qui tam bene parlat,
Mille, mille annis, & manget & bibat,
Et seignet & tuat.

CHIRVRGVS.

Puisse toti anni,
Luy essere boni
Et favorabiles,
Et n'habere jamais
Quam pestas verolas,
Fievras pluresias,
Fluxus de sang & dissenterias.

CHORVS.

Vivat, vivat, vivat, vivat, cent fois vivat,
Novus Doctor qui tam bene parlat,
Mille, mille annis, & manget & bibat.
Et seignet & tuat.

DERNIERE ENTRE'E DE BALLET.

www.ingramcontent.com/pod-product-compliance
Lightning Source LLC
Chambersburg PA
CBHW060707050426
42451CB00010B/1311